Mein Tagesplan
-eine spezielle Hilfe gegen Antriebsprobleme-

Herzlich willkommen zu

Deinem persönlichen Tagesplan

Dieses Büchlein soll als Ergänzung zu den anderen von mir veröffentlichten Büchern aus meiner Tagebuchreihe dienen. Es kann jedoch auch unabhängig davon genutzt werden.

Es enthält eine sinnvolle und ausreichende Strukturierung um die eigene Problemstellung meistern zu können. Beginnend mit Daten wie: Schlafqualität, Dauer und Datum, geht es über in den TO-DO-Listenbereich, welcher unerfüllte Aufgaben des Vortags mit einbezieht. Anhand einer zunächst gestellten Aufgabenliste für den Tag, bei der man Priortätspunkte vergibt, kann man beginnen die, nach Wertigkeit geordneten, TO DOS konkret zu planen.

Dabei bietet das Buch ausreichend Platz um seinen Alltag minutiös strukturieren zu können. So ist es zum Beispiel möglich auch die Zeiten der Mahlzeiten und den Beginn der Nachtruhe festzuhalten.

Vielleicht wird sich der eine oder andere fragen, warum man seinen Tag so genau wie möglich planen sollte. Ein Problem bei Menschen mit psychischen Erkrankungen, welches immer wieder auftaucht ist ein geringerer Antrieb. Dies führt oft dazu, das man am Ende des Tages so gut wie gar nichts geschafft hat, weil man sich nicht klargemacht hat nach welcher Struktur man die Aufgaben erfüllen soll. Man hat jeden morgen nach dem Aufstehen das Gefühl vor einem riesigen Berg voller TO DO's zu stehen und dabei nie wirklich vorwärts zu kommen. Es vergeht einem Tag für Tag dann immer mehr die Lust überhaupt anzufangen. Beginnt man jedoch zunächst, die Aufgaben erst zu ordnen in denen man ihnen eine Wertigkeit gibt und zum anderen hat man es auf einmal leichter Dinge zu schaffen, als zuvor.

Dabei sollte man die Dinge am besten so eintragen, dass dazwischen keine Lücken der Uhrzeiten entstehen, also eine nahtlose Darstellung

Daten

Datum _____

Wochentag _____

Heute aufgestanden um _____Uhr

Eingeschlafen um _____Uhr

Schlafdauer insgesamt _____h

So habe ich geschlafen: gut oder   schlecht, weil ich

- Alpträume   hatte
- Einschlafstörungen
- Durchschlaftstörungen
- Früherwachen

So fühle ich mich im Moment:

Energie ___ / 10   Anspannung ___ / 10   Grübelei ___/ 10

Freude ___ / 10   Traurigkeit ___ / 10   Angst ___/ 10

Antrieb ___ / 10   Wut ___ / 10   Äerger ___/ 10

TO DO Liste

übrig gebliebene To Dos vom Vortag (oder was ich gerne vor mir herschiebe)

_____

_____

_____

Meine TO DO Liste für heute und was dabei Vorrang hat

Aufgabe   Prioriritätenverteilung von 1 – 5 Punkten

_____   _____

_____   _____

_____   _____

_____   _____

_____   _____

_____   _____

Tagesstrukturplan

Vormittag

Aktivität   Uhrzeit

Aufstehen um _____ Uhr

Frühstück: von_____bis _____Uhr

_____   von_____bis _____Uhr

_____ von_____bis _____Uhr
_____ von_____bis _____Uhr
_____ von_____bis _____Uhr

Mittag

Mein heutiges Mittagessen: _____

Aktivität   Uhrzeit

Mittagessen/Zubereitung   von_____bis _____Uhr
Mittagszeit   von_____bis _____Uhr
_____   von_____bis _____Uhr
_____   von_____bis _____Uhr
_____   von_____bis _____Uhr
_____   von_____bis _____Uhr

Nachmittag

Aktivität   Uhrzeit

_____   von_____bis _____Uhr
_____   von_____bis _____Uhr
_____   von_____bis _____Uhr
_____   von_____bis _____Uhr
_____   von_____bis _____Uhr

Abend

Aktivität   Uhrzeit

_____   von_____bis _____Uhr
_____   von_____bis _____Uhr
_____   von_____bis _____Uhr
_____   von_____bis _____Uhr
_____   von_____bis _____Uhr

Nacht

Aktivität   Uhrzeit

Schlafenszeit _____ Uhr

_____   von_____bis _____Uhr
_____   von_____bis _____Uhr

Daten

Datum _____

Wochentag _____

Heute aufgestanden um _____Uhr

Eingeschlafen um   _____Uhr

Schlafdauer insgesamt _____h

So habe ich geschlafen: gut oder   schlecht, weil ich
- Alpträume   hatte
- Einschlafstörungen
- Durchschlaftstörungen
- Früherwachen

So fühle ich mich im Moment:

Energie ____ / 10   Anspannung ____ / 10   Grübelei ___/ 10
Freude ____ / 10   Traurigkeit ____ / 10   Angst ___/ 10
Antrieb ____ / 10   Wut ____ / 10   Ärger ___/ 10

TO DO Liste

übrig gebliebene To Dos vom Vortag (oder was ich gerne vor mir herschiebe)

_____

_____

_____

_____

Meine TO DO Liste für heute und was dabei Vorrang hat

Aufgabe   Prioriritätenverteilung von 1 – 5 Punkten

_____   _____

_____   _____

_____   _____

_____   _____

_____   _____

_____

_____

Tagesstrukturplan

Vormittag

Aktivität   Uhrzeit

Aufstehen um _____ Uhr

Frühstück: von_____bis _____Uhr

_____   von_____bis _____Uhr

_____ von_____bis _____Uhr
_____ von_____bis _____Uhr
_____ von_____bis _____Uhr

Mittag

Mein heutiges Mittagessen: _____

Aktivität   ### Uhrzeit

Mittagessen/Zubereitung   von_____bis _____Uhr
Mittagszeit   von_____bis _____Uhr
_____   von_____bis _____Uhr
_____   von_____bis _____Uhr
_____   von_____bis _____Uhr
_____   von_____bis _____Uhr

Nachmittag

Aktivität   ### Uhrzeit

_____   von_____bis _____Uhr
_____   von_____bis _____Uhr
_____   von_____bis _____Uhr
_____   von_____bis _____Uhr
_____   von_____bis _____Uhr

Abend

Aktivität   ### Uhrzeit

_____   von_____bis _____Uhr
_____   von_____bis _____Uhr
_____   von_____bis _____Uhr
_____   von_____bis _____Uhr
_____   von_____bis _____Uhr

Nacht

Aktivität   ### Uhrzeit

Schlafenszeit _____ Uhr

_____   von_____bis _____Uhr
_____   von_____bis _____Uhr

Daten

Datum _____

Wochentag _____

Heute aufgestanden um _____Uhr

Eingeschlafen um _____Uhr

Schlafdauer insgesamt _____h

So habe ich geschlafen: gut oder   schlecht, weil ich
- Alpträume   hatte
- Einschlafstörungen
- Durchschlaftstörungen
- Früherwachen

So fühle ich mich im Moment:

Energie ___ / 10   Anspannung ___ / 10   Grübelei ___/ 10

Freude ___ / 10   Traurigkeit ___ / 10   Angst ___/ 10

Antrieb ___ / 10   Wut ___ / 10   Äerger ___/ 10

TO DO Liste

übrig gebliebene To Dos vom Vortag (oder was ich gerne vor mir herschiebe)

_____

_____

_____

Meine TO DO Liste für heute und was dabei Vorrang hat

Aufgabe   Prioritätenverteilung von 1 – 5 Punkten

_____   _____

_____   _____

_____   _____

_____   _____

_____   _____

_____   _____

Tagesstrukturplan

Vormittag

Aktivität   Uhrzeit

Aufstehen um _____ Uhr

Frühstück: von_____bis _____Uhr

_____   von_____bis _____Uhr

_____   von_____bis _____Uhr

von_____bis _____Uhr

_____   von_____bis _____Uhr

_____

Mittag

Mein heutiges Mittagessen: _____

Aktivität

Mittagessen/Zubereitung

Mittagszeit

_____

_____

_____

_____

Uhrzeit

von_____bis _____Uhr

von_____bis _____Uhr

von_____bis _____Uhr

von_____bis _____Uhr

von_____bis _____Uhr

von_____bis _____Uhr

Nachmittag

Aktivität

_____

_____

_____

_____

_____

Uhrzeit

von_____bis _____Uhr

von_____bis _____Uhr

von_____bis _____Uhr

von_____bis _____Uhr

von_____bis _____Uhr

Abend

Aktivität

_____

_____

_____

_____

_____

Uhrzeit

von_____bis _____Uhr

von_____bis _____Uhr

von_____bis _____Uhr

von_____bis _____Uhr

von_____bis _____Uhr

Nacht

Aktivität

Schlafenszeit _____ Uhr

_____

_____

Uhrzeit

von_____bis _____Uhr

von_____bis _____Uhr

Daten

Datum _____

Wochentag _____

Heute aufgestanden um _____Uhr

Eingeschlafen um _____Uhr

Schlafdauer insgesamt _____h

So habe ich geschlafen: gut oder schlecht, weil ich
- Alpträume hatte
- Einschlafstörungen
- Durchschlaftstörungen
- Früherwachen

So fühle ich mich im Moment:

Energie ___ / 10   Anspannung ___ / 10   Grübelei ___/ 10

Freude ___ / 10   Traurigkeit ___ / 10   Angst ___/ 10

Antrieb ___ / 10   Wut ___ / 10   Äerger ___/ 10

TO DO Liste

übrig gebliebene To Dos vom Vortag (oder was ich gerne vor mir herschiebe)

_____

_____

_____

Meine TO DO Liste für heute und was dabei Vorrang hat

Aufgabe   Prioriritätenverteilung von 1 – 5 Punkten

_____   _____

_____   _____

_____   _____

_____   _____

_____   _____

_____   _____

_____   _____

Tagesstrukturplan
Vormittag

Aktivität   Uhrzeit

Aufstehen um _____ Uhr

Frühstück: von_____bis _____Uhr

_____ von_____bis _____Uhr
_____ von_____bis _____Uhr
_____ von_____bis _____Uhr
_____ von_____bis _____Uhr

Mittag

Mein heutiges Mittagessen: _____

Aktivität

Mittagessen/Zubereitung

Mittagszeit

_____

_____

_____

Uhrzeit

von_____bis _____Uhr
von_____bis _____Uhr
von_____bis _____Uhr
von_____bis _____Uhr
von_____bis _____Uhr
von_____bis _____Uhr

Nachmittag

Aktivität

_____

_____

_____

_____

_____

Uhrzeit

von_____bis _____Uhr
von_____bis _____Uhr
von_____bis _____Uhr
von_____bis _____Uhr
von_____bis _____Uhr

Abend

Aktivität

_____

_____

_____

_____

_____

Uhrzeit

von_____bis _____Uhr
von_____bis _____Uhr
von_____bis _____Uhr
von_____bis _____Uhr
von_____bis _____Uhr

Nacht

Aktivität

Schlafenszeit _____ Uhr

_____

_____

Uhrzeit

von_____bis _____Uhr
von_____bis _____Uhr

Daten

Datum _____

Wochentag _____

Heute aufgestanden um _____Uhr

Eingeschlafen um _____Uhr

Schlafdauer insgesamt _____h

So habe ich geschlafen: gut oder schlecht, weil ich

- Alpträume hatte
- Einschlafstörungen
- Durchschlaftstörungen
- Früherwachen

So fühle ich mich im Moment:

Energie ___ / 10	Anspannung ___ / 10	Grübelei ___ / 10
Freude ___ / 10	Traurigkeit ___ / 10	Angst ___ / 10
Antrieb ___ / 10	Wut ___ / 10	Äerger ___ / 10

TO DO Liste

übrig gebliebene To Dos vom Vortag (oder was ich gerne vor mir herschiebe)

_____
_____
_____

Meine TO DO Liste für heute und was dabei Vorrang hat

Aufgabe   Prioriritätenverteilung von 1 – 5 Punkten

_____   _____
_____   _____
_____   _____
_____   _____
_____   _____
_____   _____
_____   _____

Tagesstrukturplan

Vormittag

Aktivität   Uhrzeit

Aufstehen um _____ Uhr

Frühstück: von_____bis _____Uhr

_____   von_____bis _____Uhr
_____   von_____bis _____Uhr
_____   von_____bis _____Uhr
_____   von_____bis _____Uhr

Mittag

Mein heutiges Mittagessen: _____

Aktivität   ### Uhrzeit

Mittagessen/Zubereitung   von_____bis _____Uhr
Mittagszeit   von_____bis _____Uhr
                                                      von_____bis _____Uhr
_____   von_____bis _____Uhr
_____   von_____bis _____Uhr
_____   von_____bis _____Uhr

Nachmittag

Aktivität   ### Uhrzeit

_____   von_____bis _____Uhr
_____   von_____bis _____Uhr
_____   von_____bis _____Uhr
_____   von_____bis _____Uhr
_____   von_____bis _____Uhr

Abend

Aktivität   ### Uhrzeit

_____   von_____bis _____Uhr
_____   von_____bis _____Uhr
_____   von_____bis _____Uhr
_____   von_____bis _____Uhr
_____   von_____bis _____Uhr

Nacht

Aktivität   ### Uhrzeit

Schlafenszeit _____ Uhr

_____   von_____bis _____Uhr
_____   von_____bis _____Uhr

Daten

Datum _____

Wochentag _____

Heute aufgestanden um _____Uhr

Eingeschlafen um _____Uhr

Schlafdauer insgesamt _____h

So habe ich geschlafen: gut oder   schlecht, weil ich
- Alpträume   hatte
- Einschlafstörungen
- Durchschlaftstörungen
- Früherwachen

So fühle ich mich im Moment:

Energie ____ / 10   Anspannung ____ / 10   Grübelei ____/ 10

Freude ____ / 10   Traurigkeit ____ / 10   Angst ____/ 10

Antrieb ____ / 10   Wut ____ / 10   Äerger ____/ 10

TO DO Liste

übrig gebliebene To Dos vom Vortag (oder was ich gerne vor mir herschiebe)

_____

_____

_____

Meine TO DO Liste für heute und was dabei Vorrang hat

Aufgabe   Prioriritätenverteilung von 1 – 5 Punkten

_____   _____

_____   _____

_____   _____

_____   _____

_____   _____

_____   _____

_____   _____

Tagesstrukturplan

Vormittag

Aktivität   Uhrzeit

Aufstehen um _____ Uhr

Frühstück: von_____bis _____Uhr

_____   von_____bis _____Uhr
_____   von_____bis _____Uhr
_____   von_____bis _____Uhr
_____   von_____bis _____Uhr

Mittag

Mein heutiges Mittagessen: _____

Aktivität

Mittagessen/Zubereitung
Mittagszeit

_____
_____
_____
_____

Uhrzeit

von_____bis _____Uhr
von_____bis _____Uhr
von_____bis _____Uhr
von_____bis _____Uhr
von_____bis _____Uhr
von_____bis _____Uhr

Nachmittag

Aktivität

_____
_____
_____
_____
_____

Uhrzeit

von_____bis _____Uhr
von_____bis _____Uhr
von_____bis _____Uhr
von_____bis _____Uhr
von_____bis _____Uhr

Abend

Aktivität

_____
_____
_____
_____
_____

Uhrzeit

von_____bis _____Uhr
von_____bis _____Uhr
von_____bis _____Uhr
von_____bis _____Uhr
von_____bis _____Uhr

Nacht

Aktivität

Schlafenszeit _____ Uhr

_____
_____

Uhrzeit

von_____bis _____Uhr
von_____bis _____Uhr

Daten

Datum _____   Heute aufgestanden um _____Uhr

Wochentag _____   Eingeschlafen um   _____Uhr

                               Schlafdauer insgesamt _____h

So habe ich geschlafen: gut oder   schlecht, weil ich
- Alpträume   hatte
- Einschlafstörungen
- Durchschlafstörungen
- Früherwachen

So fühle ich mich im Moment:

Energie ___ / 10   Anspannung   ___ / 10   Grübelei ___/ 10

Freude ___ / 10   Traurigkeit ___ / 10   Angst   ___/ 10

Antrieb ___ / 10   Wut ___ / 10   Äerger   ___/ 10

TO DO Liste

übrig gebliebene To Dos vom Vortag (oder was ich gerne vor mir herschiebe)

_____

_____

_____

Meine TO DO Liste für heute und was dabei Vorrang hat

Aufgabe   Prioritätenverteilung von 1 – 5 Punkten

_____   _____

_____   _____

_____   _____

_____   _____

_____   _____

_____   _____

_____   _____

Tagesstrukturplan

Vormittag

Aktivität   Uhrzeit

Aufstehen um _____ Uhr

Frühstück: von_____bis _____Uhr

_____

_____

_____

_____

von_____bis _____Uhr

von_____bis _____Uhr

von_____bis _____Uhr

von_____bis _____Uhr

Mittag

Mein heutiges Mittagessen: _____

Aktivität   Uhrzeit

Mittagessen/Zubereitung   von_____bis _____Uhr

Mittagszeit   von_____bis _____Uhr

_____   von_____bis _____Uhr

_____   von_____bis _____Uhr

_____   von_____bis _____Uhr

_____   von_____bis _____Uhr

Nachmittag

Aktivität   Uhrzeit

_____   von_____bis _____Uhr

_____   von_____bis _____Uhr

_____   von_____bis _____Uhr

_____   von_____bis _____Uhr

_____   von_____bis _____Uhr

Abend

Aktivität   Uhrzeit

_____   von_____bis _____Uhr

_____   von_____bis _____Uhr

_____   von_____bis _____Uhr

_____   von_____bis _____Uhr

_____   von_____bis _____Uhr

Nacht

Aktivität   Uhrzeit

Schlafenszeit _____ Uhr

_____   von_____bis _____Uhr

_____   von_____bis _____Uhr

Daten

Datum _____

Wochentag _____

Heute aufgestanden um _____Uhr

Eingeschlafen um _____Uhr

Schlafdauer insgesamt _____h

So habe ich geschlafen: gut oder   schlecht, weil ich
- Alpträume   hatte
- Einschlafstörungen
- Durchschlaftstörungen
- Früherwachen

So fühle ich mich im Moment:

Energie ____ / 10   Anspannung ____ / 10   Grübelei ____/ 10

Freude ____ / 10   Traurigkeit ____ / 10   Angst ____/ 10

Antrieb ____ / 10   Wut ____ / 10   Äerger ____/ 10

TO DO Liste

übrig gebliebene To Dos vom Vortag (oder was ich gerne vor mir herschiebe)

_____

_____

_____

Meine TO DO Liste für heute und was dabei Vorrang hat

Aufgabe   Priorirität enverteilung von 1 – 5 Punkten

_____   _____

_____   _____

_____   _____

_____   _____

_____   _____

_____   _____

_____   _____

Tagesstrukturplan

Vormittag

Aktivität   Uhrzeit

Aufstehen um _____ Uhr

Frühstück: von_____bis _____Uhr

_____

von_____bis _____Uhr

von_____bis _____Uhr

von_____bis _____Uhr

von_____bis _____Uhr

Mittag

Mein heutiges Mittagessen: _____

Aktivität

Mittagessen/Zubereitung

Mittagszeit

_____

_____

_____

_____

Uhrzeit

von_____bis _____Uhr

von_____bis _____Uhr

von_____bis _____Uhr

von_____bis _____Uhr

von_____bis _____Uhr

von_____bis _____Uhr

Nachmittag

Aktivität

_____

_____

_____

_____

_____

Uhrzeit

von_____bis _____Uhr

von_____bis _____Uhr

von_____bis _____Uhr

von_____bis _____Uhr

von_____bis _____Uhr

Abend

Aktivität

_____

_____

_____

_____

_____

Uhrzeit

von_____bis _____Uhr

von_____bis _____Uhr

von_____bis _____Uhr

von_____bis _____Uhr

von_____bis _____Uhr

Nacht

Aktivität

Schlafenszeit _____ Uhr

_____

_____

Uhrzeit

von_____bis _____Uhr

von_____bis _____Uhr

Daten

Datum _____

Wochentag _____

Heute aufgestanden um _____ Uhr

Eingeschlafen um _____ Uhr

Schlafdauer insgesamt _____ h

So habe ich geschlafen: gut oder   schlecht, weil ich
- Alpträume   hatte
- Einschlafstörungen
- Durchschlaftstörungen
- Früherwachen

So fühle ich mich im Moment:

Energie ___ / 10   Anspannung ___ / 10   Grübelei ___ / 10

Freude ___ / 10   Traurigkeit ___ / 10   Angst ___ / 10

Antrieb ___ / 10   Wut ___ / 10   Äerger ___ / 10

TO DO Liste

übrig gebliebene To Dos vom Vortag (oder was ich gerne vor mir herschiebe)

_____

_____

_____

Meine TO DO Liste für heute und was dabei Vorrang hat

Aufgabe   Prioritätenverteilung von 1 – 5 Punkten

_____   _____

_____   _____

_____   _____

_____   _____

_____   _____

_____   _____

_____   _____

Tagesstrukturplan

Vormittag

Aktivität   Uhrzeit

Aufstehen um _____ Uhr

Frühstück: von_____bis _____Uhr

_____ von_____bis _____Uhr

_____ von_____bis _____Uhr

_____ von_____bis _____Uhr

_____ von_____bis _____Uhr

Mittag

Mein heutiges Mittagessen: _____

Aktivität	Uhrzeit
Mittagessen/Zubereitung	von_____bis _____Uhr
Mittagszeit	von_____bis _____Uhr
_____	von_____bis _____Uhr
_____	von_____bis _____Uhr
_____	von_____bis _____Uhr
_____	von_____bis _____Uhr

Nachmittag

Aktivität	Uhrzeit
_____	von_____bis _____Uhr
_____	von_____bis _____Uhr
_____	von_____bis _____Uhr
_____	von_____bis _____Uhr
_____	von_____bis _____Uhr

Abend

Aktivität	Uhrzeit
_____	von_____bis _____Uhr
_____	von_____bis _____Uhr
_____	von_____bis _____Uhr
_____	von_____bis _____Uhr
_____	von_____bis _____Uhr

Nacht

Aktivität	Uhrzeit
Schlafenszeit _____ Uhr	
_____	von_____bis _____Uhr
_____	von_____bis _____Uhr

Daten

Datum _____

Wochentag _____

Heute aufgestanden um _____Uhr

Eingeschlafen um   _____Uhr

Schlafdauer insgesamt _____h

So habe ich geschlafen: gut oder   schlecht, weil ich
- Alpträume   hatte
- Einschlafstörungen
- Durchschlaftstörungen
- Früherwachen

So fühle ich mich im Moment:

Energie ____ / 10   Anspannung   ____ / 10   Grübelei ____/ 10

Freude ____ / 10   Traurigkeit   ____ / 10   Angst   ____/ 10

Antrieb ____ / 10   Wut ____ / 10   Ärger   ____/ 10

TO DO Liste

übrig gebliebene To Dos vom Vortag (oder was ich gerne vor mir herschiebe)

_____

_____

_____

Meine TO DO Liste für heute und was dabei Vorrang hat

Aufgabe   Prioriritätenverteilung von 1 – 5 Punkten

_____   _____

_____   _____

_____   _____

_____   _____

_____   _____

_____   _____

_____   _____

Tagesstrukturplan

Vormittag

Aktivität   Uhrzeit

Aufstehen um _____ Uhr

Frühstück: von _____bis _____Uhr

_____   von_____bis _____Uhr
_____   von_____bis _____Uhr
_____   von_____bis _____Uhr
_____   von_____bis _____Uhr

Mittag

Mein heutiges Mittagessen: _____

Aktivität   Uhrzeit

Mittagessen/Zubereitung   von_____bis _____Uhr
Mittagszeit   von_____bis _____Uhr
_____   von_____bis _____Uhr
_____   von_____bis _____Uhr
_____   von_____bis _____Uhr
_____   von_____bis _____Uhr

Nachmittag

Aktivität   Uhrzeit

_____   von_____bis _____Uhr
_____   von_____bis _____Uhr
_____   von_____bis _____Uhr
_____   von_____bis _____Uhr
_____   von_____bis _____Uhr

Abend

Aktivität   Uhrzeit

_____   von_____bis _____Uhr
_____   von_____bis _____Uhr
_____   von_____bis _____Uhr
_____   von_____bis _____Uhr
_____   von_____bis _____Uhr

Nacht

Aktivität   Uhrzeit

Schlafenszeit _____ Uhr
_____   von_____bis _____Uhr
_____   von_____bis _____Uhr

Daten

Datum _____

Wochentag _____

Heute aufgestanden um _____ Uhr

Eingeschlafen um _____ Uhr

Schlafdauer insgesamt _____ h

So habe ich geschlafen: gut oder schlecht, weil ich
- Alpträume hatte
- Einschlafstörungen
- Durchschlafstörungen
- Früherwachen

So fühle ich mich im Moment:

Energie ___ / 10   Anspannung ___ / 10   Grübelei ___ / 10

Freude ___ / 10   Traurigkeit ___ / 10   Angst ___ / 10

Antrieb ___ / 10   Wut ___ / 10   Ärger ___ / 10

TO DO Liste

übrig gebliebene To Dos vom Vortag (oder was ich gerne vor mir herschiebe)

_____
_____
_____

Meine TO DO Liste für heute und was dabei Vorrang hat

Aufgabe   Prioriritätenverteilung von 1 – 5 Punkten

_____   _____
_____   _____
_____   _____
_____   _____
_____   _____
_____   _____

Tagesstrukturplan

Vormittag

Aktivität   Uhrzeit

Aufstehen um _____ Uhr

Frühstück: von_____bis _____Uhr

_____   von_____bis _____Uhr
_____   von_____bis _____Uhr
_____   von_____bis _____Uhr
_____   von_____bis _____Uhr

Mittag

Mein heutiges Mittagessen: _____

Aktivität   Ührzeit

Mittagessen/Zubereitung   von_____bis _____Uhr
Mittagszeit   von_____bis _____Uhr

_____   von_____bis _____Uhr
_____   von_____bis _____Uhr
_____   von_____bis _____Uhr
_____   von_____bis _____Uhr

Nachmittag

Aktivität   Ührzeit

_____   von_____bis _____Uhr
_____   von_____bis _____Uhr
_____   von_____bis _____Uhr
_____   von_____bis _____Uhr
_____   von_____bis _____Uhr

Abend

Aktivität   Ührzeit

_____   von_____bis _____Uhr
_____   von_____bis _____Uhr
_____   von_____bis _____Uhr
_____   von_____bis _____Uhr
_____   von_____bis _____Uhr

Nacht

Aktivität   Ührzeit

Schlafenszeit _____ Uhr

_____   von_____bis _____Uhr
_____   von_____bis _____Uhr

Daten

Datum _____

Wochentag _____

Heute aufgestanden um _____Uhr

Eingeschlafen um   _____Uhr

Schlafdauer insgesamt _____h

So habe ich geschlafen: gut oder   schlecht, weil ich
- Alpträume   hatte
- Einschlafstörungen
- Durchschlaftstörungen
- Früherwachen

So fühle ich mich im Moment:

Energie ___ / 10   Anspannung ___ / 10   Grübelei ___/ 10

Freude ___ / 10   Traurigkeit ___ / 10   Angst ___/ 10

Antrieb ___ / 10   Wut ___ / 10   Ärger ___/ 10

TO DO Liste

übrig gebliebene To Dos vom Vortag (oder was ich gerne vor mir herschiebe)

_____

_____

_____

Meine TO DO Liste für heute und was dabei Vorrang hat

Aufgabe   Prioriritätenverteilung von 1 – 5 Punkten

_____   _____

_____   _____

_____   _____

_____   _____

_____   _____

_____   _____

_____   _____

Tagesstrukturplan

Vormittag

Aktivität   Uhrzeit

Aufstehen um _____ Uhr

Frühstück: von_____bis _____Uhr

_____ von_____bis _____Uhr

_____ von_____bis _____Uhr

_____ von_____bis _____Uhr

_____ von_____bis _____Uhr

Mittag

Mein heutiges Mittagessen: _____

Aktivität

Mittagessen/Zubereitung

Mittagszeit

_____

_____

_____

_____

Uhrzeit

von_____bis _____Uhr

von_____bis _____Uhr

von_____bis _____Uhr

von_____bis _____Uhr

von_____bis _____Uhr

von_____bis _____Uhr

Nachmittag

Aktivität

_____

_____

_____

_____

_____

Uhrzeit

von_____bis _____Uhr

von_____bis _____Uhr

von_____bis _____Uhr

von_____bis _____Uhr

von_____bis _____Uhr

Abend

Aktivität

_____

_____

_____

_____

_____

Uhrzeit

von_____bis _____Uhr

von_____bis _____Uhr

von_____bis _____Uhr

von_____bis _____Uhr

von_____bis _____Uhr

Nacht

Aktivität

Schlafenszeit _____ Uhr

_____

_____

Uhrzeit

von_____bis _____Uhr

von_____bis _____Uhr

Daten

Datum _____

Wochentag _____

Heute aufgestanden um _____Uhr

Eingeschlafen um   _____Uhr

Schlafdauer insgesamt _____h

So habe ich geschlafen: gut oder   schlecht, weil ich
- Alpträume   hatte
- Einschlafstörungen
- Durchschlaftstörungen
- Früherwachen

So fühle ich mich im Moment:

Energie ___ / 10	Anspannung ___ / 10	Grübelei ___/ 10
Freude ___ / 10	Traurigkeit ___ / 10	Angst ___/ 10
Antrieb ___ / 10	Wut ___ / 10	Äerger ___/ 10

TO DO Liste

übrig gebliebene To Dos vom Vortag (oder was ich gerne vor mir herschiebe)

_____
_____
_____

Meine TO DO Liste für heute und was dabei Vorrang hat

Aufgabe   Prioriritätenverteilung von 1 – 5 Punkten

_____   _____
_____   _____
_____   _____
_____   _____
_____   _____
_____   _____
_____   _____

Tagesstrukturplan

Vormittag

Aktivität   Uhrzeit

Aufstehen um _____ Uhr

Frühstück: von_____bis _____Uhr

_____   von_____bis _____Uhr
_____   von_____bis _____Uhr
_____   von_____bis _____Uhr
_____   von_____bis _____Uhr

Mittag

Mein heutiges Mittagessen: _____

Aktivität   ### Uhrzeit

Mittagessen/Zubereitung   von_____bis _____Uhr
Mittagszeit   von_____bis _____Uhr
_____   von_____bis _____Uhr
                                                 von_____bis _____Uhr
_____   von_____bis _____Uhr
_____   von_____bis _____Uhr
_____

Nachmittag

Aktivität   ### Uhrzeit

_____   von_____bis _____Uhr
_____   von_____bis _____Uhr
_____   von_____bis _____Uhr
_____   von_____bis _____Uhr
_____   von_____bis _____Uhr

Abend

Aktivität   ### Uhrzeit

_____   von_____bis _____Uhr
_____   von_____bis _____Uhr
_____   von_____bis _____Uhr
_____   von_____bis _____Uhr
_____   von_____bis _____Uhr

Nacht

Aktivität   ### Uhrzeit

Schlafenszeit _____ Uhr
_____   von_____bis _____Uhr
_____   von_____bis _____Uhr

Daten

Datum _____

Wochentag _____

Heute aufgestanden um _____Uhr

Eingeschlafen um _____Uhr

Schlafdauer insgesamt _____h

So habe ich geschlafen: gut oder   schlecht, weil ich
- Alpträume   hatte
- Einschlafstörungen
- Durchschlafstörungen
- Früherwachen

So fühle ich mich im Moment:

Energie ___ / 10	Anspannung ___ / 10	Grübelei ___/ 10
Freude ___ / 10	Traurigkeit ___ / 10	Angst ___/ 10
Antrieb ___ / 10	Wut ___ / 10	Äerger ___/ 10

TO DO Liste

übrig gebliebene To Dos vom Vortag (oder was ich gerne vor mir herschiebe)

_____

_____

_____

Meine TO DO Liste für heute und was dabei Vorrang hat

Aufgabe   Prioriritätenverteilung von 1 – 5 Punkten

_____   _____

_____   _____

_____   _____

_____   _____

_____   _____

_____   _____

_____   _____

Tagesstrukturplan

Vormittag

Aktivität   Uhrzeit

Aufstehen um _____ Uhr

Frühstück: von_____bis _____Uhr

_____ von_____bis _____Uhr

_____ von_____bis _____Uhr

_____ von_____bis _____Uhr

_____ von_____bis _____Uhr

Mittag

Mein heutiges Mittagessen: _____

Aktivität

Mittagessen/Zubereitung

Mittagszeit

_____

_____

_____

_____

Uhrzeit

von_____bis _____Uhr

von_____bis _____Uhr

von_____bis _____Uhr

von_____bis _____Uhr

von_____bis _____Uhr

von_____bis _____Uhr

Nachmittag

Aktivität

_____

_____

_____

_____

_____

Uhrzeit

von_____bis _____Uhr

von_____bis _____Uhr

von_____bis _____Uhr

von_____bis _____Uhr

von_____bis _____Uhr

Abend

Aktivität

_____

_____

_____

_____

_____

Uhrzeit

von_____bis _____Uhr

von_____bis _____Uhr

von_____bis _____Uhr

von_____bis _____Uhr

von_____bis _____Uhr

Nacht

Aktivität

Schlafenszeit _____ Uhr

_____

_____

Uhrzeit

von_____bis _____Uhr

von_____bis _____Uhr

Daten

Datum _____

Wochentag _____

Heute aufgestanden um _____Uhr

Eingeschlafen um _____Uhr

Schlafdauer insgesamt _____h

So habe ich geschlafen: gut oder schlecht, weil ich
- Alpträume hatte
- Einschlafstörungen
- Durchschlaftstörungen
- Früherwachen

So fühle ich mich im Moment:

Energie ____ / 10   Anspannung ____ / 10   Grübelei ____ / 10

Freude ____ / 10   Traurigkeit ____ / 10   Angst ____ / 10

Antrieb ____ / 10   Wut ____ / 10   Äerger ____ / 10

TO DO Liste

übrig gebliebene To Dos vom Vortag (oder was ich gerne vor mir herschiebe)

_____

_____

_____

Meine TO DO Liste für heute und was dabei Vorrang hat

Aufgabe   Prioriritätenverteilung von 1 – 5 Punkten

_____   _____

_____   _____

_____   _____

_____   _____

_____   _____

_____   _____

_____   _____

Tagesstrukturplan

Vormittag

Aktivität   Uhrzeit

Aufstehen um _____ Uhr

Frühstück: von_____bis _____Uhr

_____   von_____bis _____Uhr
_____   von_____bis _____Uhr
_____   von_____bis _____Uhr
_____   von_____bis _____Uhr

Mittag

Mein heutiges Mittagessen: _____

Aktivität   ### Uhrzeit

Mittagessen/Zubereitung   von_____bis _____Uhr

Mittagszeit   von_____bis _____Uhr

_____   von_____bis _____Uhr

_____   von_____bis _____Uhr

_____   von_____bis _____Uhr

_____   von_____bis _____Uhr

Nachmittag

Aktivität   ### Uhrzeit

_____   von_____bis _____Uhr

_____   von_____bis _____Uhr

_____   von_____bis _____Uhr

_____   von_____bis _____Uhr

_____   von_____bis _____Uhr

Abend

Aktivität   ### Uhrzeit

_____   von_____bis _____Uhr

_____   von_____bis _____Uhr

_____   von_____bis _____Uhr

_____   von_____bis _____Uhr

_____   von_____bis _____Uhr

Nacht

Aktivität   ### Uhrzeit

Schlafenszeit _____ Uhr

_____   von_____bis _____Uhr

_____   von_____bis _____Uhr

Daten

Datum _____

Wochentag _____

Heute aufgestanden um _____Uhr

Eingeschlafen um _____Uhr

Schlafdauer insgesamt _____h

So habe ich geschlafen: gut oder   schlecht, weil ich
- Alpträume   hatte
- Einschlafstörungen
- Durchschlaftstörungen
- Früherwachen

So fühle ich mich im Moment:

Energie ___ / 10   Anspannung ___ / 10   Grübelei ___/ 10

Freude ___ / 10   Traurigkeit ___ / 10   Angst ___/ 10

Antrieb ___ / 10   Wut ___ / 10   Äerger ___/ 10

TO DO Liste

übrig gebliebene To Dos vom Vortag (oder was ich gerne vor mir herschiebe)

_____

_____

_____

Meine TO DO Liste für heute und was dabei Vorrang hat

Aufgabe   Prioriritätenverteilung von 1 – 5 Punkten

_____   _____

_____   _____

_____   _____

_____   _____

_____   _____

_____   _____

_____   _____

Tagesstrukturplan

Vormittag

Aktivität   Uhrzeit

Aufstehen um _____ Uhr

Frühstück: von_____bis _____Uhr

_____   von_____bis _____Uhr

_____   von_____bis _____Uhr

_____   von_____bis _____Uhr

_____   von_____bis _____Uhr

Mittag

Mein heutiges Mittagessen: _____

Aktivität	Uhrzeit
Mittagessen/Zubereitung	von_____bis _____Uhr
Mittagszeit	von_____bis _____Uhr
_____	von_____bis _____Uhr
_____	von_____bis _____Uhr
_____	von_____bis _____Uhr
_____	von_____bis _____Uhr

Nachmittag

Aktivität	Uhrzeit
_____	von_____bis _____Uhr
_____	von_____bis _____Uhr
_____	von_____bis _____Uhr
_____	von_____bis _____Uhr
_____	

Abend

Aktivität	Uhrzeit
_____	von_____bis _____Uhr
_____	von_____bis _____Uhr
_____	von_____bis _____Uhr
_____	von_____bis _____Uhr
_____	von_____bis _____Uhr

Nacht

Aktivität	Uhrzeit
Schlafenszeit _____ Uhr	
_____	von_____bis _____Uhr
_____	von_____bis _____Uhr

Daten

Datum _____

Wochentag _____

Heute aufgestanden um _____Uhr

Eingeschlafen um _____Uhr

Schlafdauer insgesamt _____h

So habe ich geschlafen: gut oder schlecht, weil ich
- Alpträume hatte
- Einschlafstörungen
- Durchschlafstörungen
- Früherwachen

So fühle ich mich im Moment:

Energie ___ / 10   Anspannung ___ / 10   Grübelei ___/ 10

Freude ___ / 10   Traurigkeit ___ / 10   Angst ___/ 10

Antrieb ___ / 10   Wut ___ / 10   Äerger ___/ 10

TO DO Liste

übrig gebliebene To Dos vom Vortag (oder was ich gerne vor mir herschiebe)

_____

_____

_____

Meine TO DO Liste für heute und was dabei Vorrang hat

Aufgabe   Prioriritätenverteilung von 1 – 5 Punkten

_____   _____

_____   _____

_____   _____

_____   _____

_____   _____

_____   _____

_____   _____

Tagesstrukturplan

Vormittag

Aktivität   Uhrzeit

Aufstehen um _____ Uhr

Frühstück: von_____bis _____Uhr

_____ von_____bis _____Uhr

_____ von_____bis _____Uhr

_____ von_____bis _____Uhr

_____ von_____bis _____Uhr

Mittag

Mein heutiges Mittagessen: _____

Aktivität

Mittagessen/Zubereitung

Mittagszeit

_____

_____

_____

Uhrzeit

von_____bis _____Uhr

von_____bis _____Uhr

von_____bis _____Uhr

von_____bis _____Uhr

von_____bis _____Uhr

von_____bis _____Uhr

Nachmittag

Aktivität

_____

_____

_____

_____

_____

Uhrzeit

von_____bis _____Uhr

von_____bis _____Uhr

von_____bis _____Uhr

von_____bis _____Uhr

von_____bis _____Uhr

Abend

Aktivität

_____

_____

_____

_____

_____

Uhrzeit

von_____bis _____Uhr

von_____bis _____Uhr

von_____bis _____Uhr

von_____bis _____Uhr

von_____bis _____Uhr

Nacht

Aktivität

Schlafenszeit _____ Uhr

_____

_____

Uhrzeit

von_____bis _____Uhr

von_____bis _____Uhr

Daten

Datum _____

Wochentag _____

Heute aufgestanden um _____Uhr

Eingeschlafen um _____Uhr

Schlafdauer insgesamt _____h

So habe ich geschlafen: gut oder   schlecht, weil ich

- Alpträume   hatte
- Einschlafstörungen
- Durchschlaftstörungen
- Früherwachen

So fühle ich mich im Moment:

Energie ____ / 10   Anspannung ____ / 10   Grübelei ____ / 10

Freude ____ / 10   Traurigkeit ____ / 10   Angst ____ / 10

Antrieb ____ / 10   Wut ____ / 10   Äerger ____ / 10

TO DO Liste

übrig gebliebene To Dos vom Vortag (oder was ich gerne vor mir herschiebe)

_____

_____

_____

Meine TO DO Liste für heute und was dabei Vorrang hat

Aufgabe   Priorirität enverteilung von 1 – 5 Punkten

_____   _____

_____   _____

_____   _____

_____   _____

_____   _____

_____   _____

_____   _____

Tagesstrukturplan

Vormittag

Aktivität   Uhrzeit

Aufstehen um _____ Uhr

Frühstück: von_____bis _____Uhr

_____ von_____bis _____Uhr

_____ von_____bis _____Uhr

_____ von_____bis _____Uhr

_____ von_____bis _____Uhr

Mittag

Mein heutiges Mittagessen: _____

Aktivität   Uhrzeit

Mittagessen/Zubereitung   von_____bis _____Uhr

Mittagszeit   von_____bis _____Uhr

_____ von_____bis _____Uhr

_____ von_____bis _____Uhr

_____ von_____bis _____Uhr

_____ von_____bis _____Uhr

Nachmittag

Aktivität   Uhrzeit

_____ von_____bis _____Uhr

_____ von_____bis _____Uhr

_____ von_____bis _____Uhr

_____ von_____bis _____Uhr

_____ von_____bis _____Uhr

Abend

Aktivität   Uhrzeit

_____ von_____bis _____Uhr

_____ von_____bis _____Uhr

_____ von_____bis _____Uhr

_____ von_____bis _____Uhr

_____ von_____bis _____Uhr

Nacht

Aktivität   Uhrzeit

Schlafenszeit _____ Uhr

_____ von_____bis _____Uhr

_____ von_____bis _____Uhr

Daten

Datum _____

Wochentag _____

Heute aufgestanden um _____Uhr

Eingeschlafen um _____Uhr

Schlafdauer insgesamt _____h

So habe ich geschlafen: gut oder   schlecht, weil ich
- Alpträume   hatte
- Einschlafstörungen
- Durchschlaftstörungen
- Früherwachen

So fühle ich mich im Moment:

Energie ____ / 10	Anspannung ____ / 10	Grübelei ____ / 10
Freude ____ / 10	Traurigkeit ____ / 10	Angst ____ / 10
Antrieb ____ / 10	Wut ____ / 10	Äerger ____ / 10

TO DO Liste

übrig gebliebene To Dos vom Vortag (oder was ich gerne vor mir herschiebe)

_____
_____
_____

Meine TO DO Liste für heute und was dabei Vorrang hat

Aufgabe   Prioriritätenverteilung von 1 – 5 Punkten

_____   _____
_____   _____
_____   _____
_____   _____
_____   _____
_____   _____

Tagesstrukturplan

Vormittag

Aktivität   Uhrzeit

Aufstehen um _____ Uhr

Frühstück: von_____bis _____Uhr

_____ von_____bis _____Uhr

_____ von_____bis _____Uhr

_____ von_____bis _____Uhr

_____ von_____bis _____Uhr

Mittag

Mein heutiges Mittagessen: _____

Aktivität   Ührzeit

Mittagessen/Zubereitung   von_____bis _____Uhr

Mittagszeit   von_____bis _____Uhr

_____ von_____bis _____Uhr

_____ von_____bis _____Uhr

_____ von_____bis _____Uhr

_____ von_____bis _____Uhr

Nachmittag

Aktivität   Ührzeit

_____ von_____bis _____Uhr

_____ von_____bis _____Uhr

_____ von_____bis _____Uhr

_____ von_____bis _____Uhr

_____ von_____bis _____Uhr

Abend

Aktivität   Ührzeit

_____ von_____bis _____Uhr

_____ von_____bis _____Uhr

_____ von_____bis _____Uhr

_____ von_____bis _____Uhr

_____ von_____bis _____Uhr

Nacht

Aktivität   Ührzeit

Schlafenszeit _____ Uhr

_____ von_____bis _____Uhr

_____ von_____bis _____Uhr

Daten

Datum _____

Wochentag _____

Heute aufgestanden um _____Uhr

Eingeschlafen um _____Uhr

Schlafdauer insgesamt _____h

So habe ich geschlafen: gut oder   schlecht, weil ich
- Alpträume   hatte
- Einschlafstörungen
- Durchschlaftstörungen
- Früherwachen

So fühle ich mich im Moment:

Energie ___ / 10	Anspannung ___ / 10	Grübelei ___/ 10
Freude ___ / 10	Traurigkeit ___ / 10	Angst ___/ 10
Antrieb ___ / 10	Wut ___ / 10	Äerger ___/ 10

TO DO Liste

übrig gebliebene To Dos vom Vortag (oder was ich gerne vor mir herschiebe)

_____
_____
_____

Meine TO DO Liste für heute und was dabei Vorrang hat

Aufgabe   Prioriritätenverteilung von 1 – 5 Punkten

_____   _____
_____   _____
_____   _____
_____   _____
_____   _____
_____   _____
_____   _____

Tagesstrukturplan

Vormittag

Aktivität   Uhrzeit

Aufstehen um _____ Uhr

Frühstück: von_____bis _____Uhr

_____   von_____bis _____Uhr
_____   von_____bis _____Uhr
_____   von_____bis _____Uhr
_____   von_____bis _____Uhr

Mittag

Mein heutiges Mittagessen: _____

Aktivität   ### Uhrzeit

Mittagessen/Zubereitung   von_____bis _____Uhr
Mittagszeit   von_____bis _____Uhr
                                           von_____bis _____Uhr
_____   von_____bis _____Uhr
_____   von_____bis _____Uhr
_____   von_____bis _____Uhr
_____

Nachmittag

Aktivität   ### Uhrzeit

_____   von_____bis _____Uhr
_____   von_____bis _____Uhr
_____   von_____bis _____Uhr
_____   von_____bis _____Uhr
_____   von_____bis _____Uhr

Abend

Aktivität   ### Uhrzeit

_____   von_____bis _____Uhr
_____   von_____bis _____Uhr
_____   von_____bis _____Uhr
_____   von_____bis _____Uhr
_____   von_____bis _____Uhr

Nacht

Aktivität   ### Uhrzeit

Schlafenszeit _____ Uhr

_____   von_____bis _____Uhr
_____   von_____bis _____Uhr

Daten

Datum _____

Wochentag _____

Heute aufgestanden um _____Uhr

Eingeschlafen um   _____Uhr

Schlafdauer insgesamt _____h

So habe ich geschlafen: gut oder   schlecht, weil ich

- Alpträume   hatte
- Einschlafstörungen
- Durchschlaftstörungen
- Früherwachen

So fühle ich mich im Moment:

Energie ___ / 10   Anspannung ___ / 10   Grübelei ___ / 10

Freude ___ / 10   Traurigkeit ___ / 10   Angst ___ / 10

Antrieb ___ / 10   Wut ___ / 10   Äerger ___ / 10

TO DO Liste

übrig gebliebene To Dos vom Vortag (oder was ich gerne vor mir herschiebe)

_____

_____

_____

Meine TO DO Liste für heute und was dabei Vorrang hat

Aufgabe

Prioriritätenverteilung von 1 – 5 Punkten

_____   _____

_____   _____

_____   _____

_____   _____

_____   _____

_____   _____

Tagesstrukturplan

Vormittag

Aktivität

Uhrzeit

Aufstehen um _____ Uhr

Frühstück:

von_____bis _____Uhr

_____ von_____bis _____Uhr

_____ von_____bis _____Uhr

_____ von_____bis _____Uhr

_____ von_____bis _____Uhr

Mittag

Mein heutiges Mittagessen: _____

Aktivität   Uhrzeit

Mittagessen/Zubereitung   von_____bis _____Uhr

Mittagszeit   von_____bis _____Uhr

_____ von_____bis _____Uhr

_____ von_____bis _____Uhr

_____ von_____bis _____Uhr

_____ von_____bis _____Uhr

Nachmittag

Aktivität   Uhrzeit

_____ von_____bis _____Uhr

_____ von_____bis _____Uhr

_____ von_____bis _____Uhr

_____ von_____bis _____Uhr

_____ von_____bis _____Uhr

Abend

Aktivität   Uhrzeit

_____ von_____bis _____Uhr

_____ von_____bis _____Uhr

_____ von_____bis _____Uhr

_____ von_____bis _____Uhr

_____ von_____bis _____Uhr

Nacht

Aktivität   Uhrzeit

Schlafenszeit _____ Uhr

_____ von_____bis _____Uhr

_____ von_____bis _____Uhr

Daten

Datum _____

Wochentag _____

Heute aufgestanden um _____Uhr

Eingeschlafen um _____Uhr

Schlafdauer insgesamt _____h

So habe ich geschlafen: gut oder schlecht, weil ich

- Alpträume hatte
- Einschlafstörungen
- Durchschlaftstörungen
- Früherwachen

So fühle ich mich im Moment:

Energie ___ / 10   Anspannung ___ / 10   Grübelei ___ / 10

Freude ___ / 10   Traurigkeit ___ / 10   Angst ___ / 10

Antrieb ___ / 10   Wut ___ / 10   Äerger ___ / 10

TO DO Liste

übrig gebliebene To Dos vom Vortag (oder was ich gerne vor mir herschiebe)

_____

_____

_____

Meine TO DO Liste für heute und was dabei Vorrang hat

Aufgabe   Prioriritätenverteilung von 1 – 5 Punkten

_____   _____

_____   _____

_____   _____

_____   _____

_____   _____

_____   _____

Tagesstrukturplan

Vormittag

Aktivität   Uhrzeit

Aufstehen um _____ Uhr

Frühstück: von_____bis _____Uhr

_____   von_____bis _____Uhr
_____   von_____bis _____Uhr
_____   von_____bis _____Uhr
_____   von_____bis _____Uhr

Mittag

Mein heutiges Mittagessen: _____

Aktivität   Uhrzeit

Mittagessen/Zubereitung   von_____bis _____Uhr
Mittagszeit   von_____bis _____Uhr
_____   von_____bis _____Uhr
_____   von_____bis _____Uhr
_____   von_____bis _____Uhr
_____   von_____bis _____Uhr

Nachmittag

Aktivität   Uhrzeit

_____   von_____bis _____Uhr
_____   von_____bis _____Uhr
_____   von_____bis _____Uhr
_____   von_____bis _____Uhr
_____   von_____bis _____Uhr

Abend

Aktivität   Uhrzeit

_____   von_____bis _____Uhr
_____   von_____bis _____Uhr
_____   von_____bis _____Uhr
_____   von_____bis _____Uhr
_____   von_____bis _____Uhr

Nacht

Aktivität   Uhrzeit

Schlafenszeit _____ Uhr

_____   von_____bis _____Uhr
_____   von_____bis _____Uhr

Daten

Datum _____

Wochentag _____

Heute aufgestanden um _____Uhr

Eingeschlafen um   _____Uhr

Schlafdauer insgesamt _____h

So habe ich geschlafen: gut oder   schlecht, weil ich
- Alpträume   hatte
- Einschlafstörungen
- Durchschlaftstörungen
- Früherwachen

So fühle ich mich im Moment:

Energie ___ / 10   Anspannung ___ / 10   Grübelei ___/ 10

Freude ___ / 10   Traurigkeit ___ / 10   Angst   ___/ 10

Antrieb ___ / 10   Wut ___ / 10   Äerger ___/ 10

TO DO Liste

übrig gebliebene To Dos vom Vortag (oder was ich gerne vor mir herschiebe)

_____

_____

_____

Meine TO DO Liste für heute und was dabei Vorrang hat

Aufgabe   Prioriritätenverteilung von 1 – 5 Punkten

_____   _____

_____   _____

_____   _____

_____   _____

_____   _____

_____   _____

_____   _____

Tagesstrukturplan

Vormittag

Aktivität   Uhrzeit

Aufstehen um _____ Uhr

Frühstück: von_____bis _____Uhr

_____ von_____bis _____Uhr
_____ von_____bis _____Uhr
_____ von_____bis _____Uhr
_____ von_____bis _____Uhr

Mittag

Mein heutiges Mittagessen: _____

Aktivität   ### Uhrzeit

Mittagessen/Zubereitung   von_____bis _____Uhr
Mittagszeit   von_____bis _____Uhr
                                                       von_____bis _____Uhr
_____   von_____bis _____Uhr
_____   von_____bis _____Uhr
_____   von_____bis _____Uhr

Nachmittag

Aktivität   ### Uhrzeit

_____   von_____bis _____Uhr
_____   von_____bis _____Uhr
_____   von_____bis _____Uhr
_____   von_____bis _____Uhr
_____   von_____bis _____Uhr

Abend

Aktivität   ### Uhrzeit

_____   von_____bis _____Uhr
_____   von_____bis _____Uhr
_____   von_____bis _____Uhr
_____   von_____bis _____Uhr
_____   von_____bis _____Uhr

Nacht

Aktivität   ### Uhrzeit

Schlafenszeit _____ Uhr

_____   von_____bis _____Uhr
_____   von_____bis _____Uhr

Daten

Datum _____

Wochentag _____

Heute aufgestanden um _____Uhr

Eingeschlafen um _____Uhr

Schlafdauer insgesamt _____h

So habe ich geschlafen: gut oder   schlecht, weil ich
- Alpträume   hatte
- Einschlafstörungen
- Durchschlaftstörungen
- Früherwachen

So fühle ich mich im Moment:

Energie ___ / 10   Anspannung ___ / 10   Grübelei ___ / 10

Freude ___ / 10   Traurigkeit ___ / 10   Angst ___ / 10

Antrieb ___ / 10   Wut ___ / 10   Äerger ___ / 10

TO DO Liste

übrig gebliebene To Dos vom Vortag (oder was ich gerne vor mir herschiebe)

_____
_____
_____

Meine TO DO Liste für heute und was dabei Vorrang hat

Aufgabe   Prioriritätenverteilung von 1 – 5 Punkten

_____   _____
_____   _____
_____   _____
_____   _____
_____   _____
_____   _____
_____   _____

Tagesstrukturplan

Vormittag

Aktivität   Uhrzeit

Aufstehen um _____ Uhr

Frühstück: von_____bis _____Uhr

_____   von_____bis _____Uhr

_____   von_____bis _____Uhr

_____   von_____bis _____Uhr

_____   von_____bis _____Uhr

Mittag

Mein heutiges Mittagessen: _____

Aktivität   **Uhrzeit**

Mittagessen/Zubereitung   von_____bis _____Uhr

Mittagszeit   von_____bis _____Uhr

_____   von_____bis _____Uhr

_____   von_____bis _____Uhr

_____   von_____bis _____Uhr

_____   von_____bis _____Uhr

Nachmittag

Aktivität   **Uhrzeit**

_____   von_____bis _____Uhr

_____   von_____bis _____Uhr

_____   von_____bis _____Uhr

_____   von_____bis _____Uhr

_____   von_____bis _____Uhr

Abend

Aktivität   **Uhrzeit**

_____   von_____bis _____Uhr

_____   von_____bis _____Uhr

_____   von_____bis _____Uhr

_____   von_____bis _____Uhr

_____   von_____bis _____Uhr

Nacht

Aktivität   **Uhrzeit**

Schlafenszeit _____ Uhr

_____   von_____bis _____Uhr

_____   von_____bis _____Uhr

Daten

Datum _____

Wochentag _____

Heute aufgestanden um _____Uhr

Eingeschlafen um _____Uhr

Schlafdauer insgesamt _____h

So habe ich geschlafen: gut oder schlecht, weil ich
- Alpträume hatte
- Einschlafstörungen
- Durchschlaftstörungen
- Früherwachen

So fühle ich mich im Moment:

Energie ____ / 10   Anspannung ____ / 10   Grübelei ____ / 10

Freude ____ / 10   Traurigkeit ____ / 10   Angst ____ / 10

Antrieb ____ / 10   Wut ____ / 10   Ärger ____ / 10

TO DO Liste

übrig gebliebene To Dos vom Vortag (oder was ich gerne vor mir herschiebe)

_____

_____

_____

Meine TO DO Liste für heute und was dabei Vorrang hat

Aufgabe   Prioriritätenverteilung von 1 – 5 Punkten

_____   _____

_____   _____

_____   _____

_____   _____

_____   _____

_____   _____

_____   _____

Tagesstrukturplan

Vormittag

Aktivität   Uhrzeit

Aufstehen um _____ Uhr

Frühstück: von_____bis _____Uhr

_____

von_____bis _____Uhr
von_____bis _____Uhr
von_____bis _____Uhr
von_____bis _____Uhr

Mittag

Mein heutiges Mittagessen: _____

Aktivität

Mittagessen/Zubereitung
Mittagszeit
_____

_____

_____

_____

Uhrzeit

von_____bis _____Uhr
von_____bis _____Uhr
von_____bis _____Uhr
von_____bis _____Uhr
von_____bis _____Uhr
von_____bis _____Uhr

Nachmittag

Aktivität

_____

_____

_____

_____

_____

Uhrzeit

von_____bis _____Uhr
von_____bis _____Uhr
von_____bis _____Uhr
von_____bis _____Uhr
von_____bis _____Uhr

Abend

Aktivität

_____

_____

_____

_____

_____

Uhrzeit

von_____bis _____Uhr
von_____bis _____Uhr
von_____bis _____Uhr
von_____bis _____Uhr
von_____bis _____Uhr

Nacht

Aktivität

Schlafenszeit _____ Uhr

_____

_____

Uhrzeit

von_____bis _____Uhr
von_____bis _____Uhr

Daten

Datum _____

Wochentag _____

Heute aufgestanden um _____Uhr

Eingeschlafen um   _____Uhr

Schlafdauer insgesamt _____h

So habe ich geschlafen: gut oder   schlecht, weil ich
- Alpträume   hatte
- Einschlafstörungen
- Durchschlaftstörungen
- Früherwachen

So fühle ich mich im Moment:

Energie ___ / 10	Anspannung ___ / 10	Grübelei ___/ 10
Freude ___ / 10	Traurigkeit ___ / 10	Angst ___/ 10
Antrieb ___ / 10	Wut ___ / 10	Äerger ___/ 10

TO DO Liste

übrig gebliebene To Dos vom Vortag (oder was ich gerne vor mir herschiebe)

_____

_____

_____

Meine TO DO Liste für heute und was dabei Vorrang hat

Aufgabe   Prioriritätenverteilung von 1 – 5 Punkten

_____   _____

_____   _____

_____   _____

_____   _____

_____   _____

_____   _____

Tagesstrukturplan

Vormittag

Aktivität   Uhrzeit

Aufstehen um _____ Uhr

Frühstück: von_____bis _____Uhr

_____   von_____bis _____Uhr
_____   von_____bis _____Uhr
_____   von_____bis _____Uhr
_____   von_____bis _____Uhr

Mittag

Mein heutiges Mittagessen: _____

Aktivität

Mittagessen/Zubereitung

Mittagszeit

_____

_____

_____

_____

Uhrzeit

von_____bis _____Uhr
von_____bis _____Uhr
von_____bis _____Uhr
von_____bis _____Uhr
von_____bis _____Uhr
von_____bis _____Uhr

Nachmittag

Aktivität

_____

_____

_____

_____

_____

Uhrzeit

von_____bis _____Uhr
von_____bis _____Uhr
von_____bis _____Uhr
von_____bis _____Uhr
von_____bis _____Uhr

Abend

Aktivität

_____

_____

_____

_____

_____

Uhrzeit

von_____bis _____Uhr
von_____bis _____Uhr
von_____bis _____Uhr
von_____bis _____Uhr
von_____bis _____Uhr

Nacht

Aktivität

Schlafenszeit _____ Uhr

_____

_____

Uhrzeit

von_____bis _____Uhr
von_____bis _____Uhr

Daten

Datum _____   Heute aufgestanden um _____Uhr

Wochentag _____   Eingeschlafen um   _____Uhr

                                Schlafdauer insgesamt _____h

So habe ich geschlafen: gut oder   schlecht, weil ich
- Alpträume   hatte
- Einschlafstörungen
- Durchschlaftstörungen
- Früherwachen

So fühle ich mich im Moment:

Energie ____ / 10   Anspannung ____ / 10   Grübelei ____/ 10

Freude ____ / 10   Traurigkeit ____ / 10   Angst ____/ 10

Antrieb ____ / 10   Wut ____ / 10   Äerger ____/ 10

TO DO Liste

übrig gebliebene To Dos vom Vortag (oder was ich gerne vor mir herschiebe)

_____

_____

_____

Meine TO DO Liste für heute und was dabei Vorrang hat

Aufgabe   Prioriritätenverteilung von 1 – 5 Punkten

_____   _____

_____   _____

_____   _____

_____   _____

_____   _____

_____   _____

Tagesstrukturplan

Vormittag

Aktivität   Uhrzeit

Aufstehen um _____ Uhr

Frühstück: von_____bis _____Uhr

_____ von_____bis _____Uhr
_____ von_____bis _____Uhr
_____ von_____bis _____Uhr
_____ von_____bis _____Uhr

Mittag

Mein heutiges Mittagessen: _____

Aktivität   Ührzeit

Mittagessen/Zubereitung   von_____bis _____Uhr
Mittagszeit   von_____bis _____Uhr
_____ von_____bis _____Uhr
_____ von_____bis _____Uhr
_____ von_____bis _____Uhr
_____ von_____bis _____Uhr

Nachmittag

Aktivität   Ührzeit

_____ von_____bis _____Uhr
_____ von_____bis _____Uhr
_____ von_____bis _____Uhr
_____ von_____bis _____Uhr
_____ von_____bis _____Uhr

Abend

Aktivität   Ührzeit

_____ von_____bis _____Uhr
_____ von_____bis _____Uhr
_____ von_____bis _____Uhr
_____ von_____bis _____Uhr
_____ von_____bis _____Uhr

Nacht

Aktivität   Ührzeit

Schlafenszeit _____ Uhr

_____ von_____bis _____Uhr
_____ von_____bis _____Uhr

Daten

Datum _____

Wochentag _____

Heute aufgestanden um _____Uhr

Eingeschlafen um   _____Uhr

Schlafdauer insgesamt _____h

So habe ich geschlafen: gut oder   schlecht, weil ich
- Alpträume   hatte
- Einschlafstörungen
- Durchschlaftstörungen
- Früherwachen

So fühle ich mich im Moment:

Energie ____ / 10   Anspannung   ____ / 10   Grübelei ____/ 10

Freude ____ / 10   Traurigkeit   ____ / 10   Angst   ____/ 10

Antrieb ____ / 10   Wut ____ / 10   Ärger   ____/ 10

TO DO Liste

übrig gebliebene To Dos vom Vortag (oder was ich gerne vor mir herschiebe)

_____

_____

_____

Meine TO DO Liste für heute und was dabei Vorrang hat

Aufgabe   Prioriritätenverteilung von 1 – 5 Punkten

_____   _____

_____   _____

_____   _____

_____   _____

_____   _____

_____   _____

_____   _____

Tagesstrukturplan

Vormittag

Aktivität   Uhrzeit

Aufstehen um _____ Uhr

Frühstück: von_____bis _____Uhr

_____ von_____bis _____Uhr
_____ von_____bis _____Uhr
_____ von_____bis _____Uhr
_____ von_____bis _____Uhr

Mittag

Mein heutiges Mittagessen: _____

Aktivität   ### Uhrzeit

Mittagessen/Zubereitung   von_____bis _____Uhr
Mittagszeit   von_____bis _____Uhr
                                                         von_____bis _____Uhr
_____ von_____bis _____Uhr
                                                         von_____bis _____Uhr
_____ von_____bis _____Uhr
_____
_____

Nachmittag

Aktivität   ### Uhrzeit

_____ von_____bis _____Uhr
_____ von_____bis _____Uhr
_____ von_____bis _____Uhr
_____ von_____bis _____Uhr
_____ von_____bis _____Uhr

Abend

Aktivität   ### Uhrzeit

_____ von_____bis _____Uhr
_____ von_____bis _____Uhr
_____ von_____bis _____Uhr
_____ von_____bis _____Uhr
_____ von_____bis _____Uhr

Nacht

Aktivität   ### Uhrzeit

Schlafenszeit _____ Uhr

_____ von_____bis _____Uhr
_____ von_____bis _____Uhr

Daten

Datum _____

Wochentag _____

Heute aufgestanden um _____Uhr

Eingeschlafen um _____Uhr

Schlafdauer insgesamt _____h

So habe ich geschlafen: gut oder   schlecht, weil ich
- Alpträume   hatte
- Einschlafstörungen
- Durchschlaftstörungen
- Früherwachen

So fühle ich mich im Moment:

Energie ____ / 10   Anspannung ____ / 10   Grübelei ____ / 10

Freude ____ / 10   Traurigkeit ____ / 10   Angst ____ / 10

Antrieb ____ / 10   Wut ____ / 10   Äerger ____/ 10

TO DO Liste

übrig gebliebene To Dos vom Vortag (oder was ich gerne vor mir herschiebe)

_____

_____

_____

Meine TO DO Liste für heute und was dabei Vorrang hat

Aufgabe   Prioriritätenverteilung von 1 – 5 Punkten

_____   _____

_____   _____

_____   _____

_____   _____

_____   _____

_____   _____

Tagesstrukturplan

Vormittag

Aktivität   Uhrzeit

Aufstehen um _____ Uhr

Frühstück: von_____bis _____Uhr

_____   von_____bis _____Uhr
_____   von_____bis _____Uhr
_____   von_____bis _____Uhr
_____   von_____bis _____Uhr

Mittag

Mein heutiges Mittagessen: _____

Aktivität	Uhrzeit
Mittagessen/Zubereitung	von_____bis _____Uhr
Mittagszeit	von_____bis _____Uhr
_____	von_____bis _____Uhr
_____	von_____bis _____Uhr
_____	von_____bis _____Uhr
_____	von_____bis _____Uhr

Nachmittag

Aktivität	Uhrzeit
_____	von_____bis _____Uhr
_____	von_____bis _____Uhr
_____	von_____bis _____Uhr
_____	von_____bis _____Uhr
_____	von_____bis _____Uhr

Abend

Aktivität	Uhrzeit
_____	von_____bis _____Uhr
_____	von_____bis _____Uhr
_____	von_____bis _____Uhr
_____	von_____bis _____Uhr
_____	von_____bis _____Uhr

Nacht

Aktivität	Uhrzeit
Schlafenszeit _____ Uhr	
_____	von_____bis _____Uhr
_____	von_____bis _____Uhr

Daten

Datum _____

Wochentag _____

Heute aufgestanden um _____Uhr

Eingeschlafen um _____Uhr

Schlafdauer insgesamt _____h

So habe ich geschlafen: gut oder   schlecht, weil ich
- Alpträume   hatte
- Einschlafstörungen
- Durchschlaftstörungen
- Früherwachen

So fühle ich mich im Moment:

Energie ___ / 10   Anspannung ___ / 10   Grübelei ___/ 10

Freude ___ / 10   Traurigkeit ___ / 10   Angst ___/ 10

Antrieb ___ / 10   Wut ___ / 10   Ärger ___/ 10

TO DO Liste

übrig gebliebene To Dos vom Vortag (oder was ich gerne vor mir herschiebe)

_____

_____

_____

Meine TO DO Liste für heute und was dabei Vorrang hat

Aufgabe   Prioriritätenverteilung von 1 – 5 Punkten

_____   _____

_____   _____

_____   _____

_____   _____

_____   _____

_____   _____

_____   _____

Tagesstrukturplan

Vormittag

Aktivität   Uhrzeit

Aufstehen um _____ Uhr

Frühstück: von_____bis _____Uhr

_____

von_____bis _____Uhr

von_____bis _____Uhr

von_____bis _____Uhr

von_____bis _____Uhr

Mittag

Mein heutiges Mittagessen: _____

Aktivität

Mittagessen/Zubereitung

Mittagszeit

_____

_____

_____

_____

Uhrzeit

von_____bis _____Uhr

von_____bis _____Uhr

von_____bis _____Uhr

von_____bis _____Uhr

von_____bis _____Uhr

von_____bis _____Uhr

Nachmittag

Aktivität

_____

_____

_____

_____

_____

Uhrzeit

von_____bis _____Uhr

von_____bis _____Uhr

von_____bis _____Uhr

von_____bis _____Uhr

von_____bis _____Uhr

Abend

Aktivität

_____

_____

_____

_____

_____

Uhrzeit

von_____bis _____Uhr

von_____bis _____Uhr

von_____bis _____Uhr

von_____bis _____Uhr

von_____bis _____Uhr

Nacht

Aktivität

Schlafenszeit _____ Uhr

_____

_____

Uhrzeit

von_____bis _____Uhr

von_____bis _____Uhr

Daten

Datum _____

Wochentag _____

Heute aufgestanden um _____Uhr

Eingeschlafen um _____Uhr

Schlafdauer insgesamt _____h

So habe ich geschlafen: gut oder   schlecht, weil ich

- Alpträume   hatte
- Einschlafstörungen
- Durchschlaftstörungen
- Früherwachen

So fühle ich mich im Moment:

Energie ___ / 10   Anspannung ___ / 10   Grübelei ___/ 10

Freude ___ / 10   Traurigkeit ___ / 10   Angst ___/ 10

Antrieb ___ / 10   Wut ___ / 10   Äerger ___/ 10

TO DO Liste

übrig gebliebene To Dos vom Vortag (oder was ich gerne vor mir herschiebe)

_____
_____
_____

Meine TO DO Liste für heute und was dabei Vorrang hat

Aufgabe   Prioriritätenverteilung von 1 – 5 Punkten

_____   _____
_____   _____
_____   _____
_____   _____
_____   _____
_____   _____
_____   _____

Tagesstrukturplan

Vormittag

Aktivität   Uhrzeit

Aufstehen um _____ Uhr

Frühstück: von_____bis _____Uhr

_____ von_____bis _____Uhr
_____ von_____bis _____Uhr
_____ von_____bis _____Uhr
_____ von_____bis _____Uhr

Mittag

Mein heutiges Mittagessen: _____

Aktivität   ### Uhrzeit

Mittagessen/Zubereitung   von_____bis _____Uhr
Mittagszeit   von_____bis _____Uhr
_____ von_____bis _____Uhr
_____ von_____bis _____Uhr
_____ von_____bis _____Uhr
_____ von_____bis _____Uhr

Nachmittag

Aktivität   ### Uhrzeit

_____ von_____bis _____Uhr
_____ von_____bis _____Uhr
_____ von_____bis _____Uhr
_____ von_____bis _____Uhr
_____ von_____bis _____Uhr

Abend

Aktivität   ### Uhrzeit

_____ von_____bis _____Uhr
_____ von_____bis _____Uhr
_____ von_____bis _____Uhr
_____ von_____bis _____Uhr
_____ von_____bis _____Uhr

Nacht

Aktivität   ### Uhrzeit

Schlafenszeit _____ Uhr

_____ von_____bis _____Uhr
_____ von_____bis _____Uhr

Daten

Datum _____

Wochentag _____

Heute aufgestanden um _____ Uhr

Eingeschlafen um   _____ Uhr

Schlafdauer insgesamt _____ h

So habe ich geschlafen: gut oder   schlecht, weil ich
- Alpträume   hatte
- Einschlafstörungen
- Durchschlafstörungen
- Früherwachen

So fühle ich mich im Moment:

Energie ___ / 10	Anspannung ___ / 10	Grübelei ___ / 10
Freude ___ / 10	Traurigkeit ___ / 10	Angst ___ / 10
Antrieb ___ / 10	Wut ___ / 10	Äerger ___ / 10

TO DO Liste

übrig gebliebene To Dos vom Vortag (oder was ich gerne vor mir herschiebe)

_____

_____

_____

Meine TO DO Liste für heute und was dabei Vorrang hat

Aufgabe   Prioritätenverteilung von 1 – 5 Punkten

_____   _____

_____   _____

_____   _____

_____   _____

_____   _____

_____   _____

_____   _____

Tagesstrukturplan

Vormittag

Aktivität   Uhrzeit

Aufstehen um _____ Uhr

Frühstück: von _____ bis _____ Uhr

_____ von_____bis _____Uhr
_____ von_____bis _____Uhr
_____ von_____bis _____Uhr
_____ von_____bis _____Uhr

Mittag

Mein heutiges Mittagessen: _____

Aktivität   ### Uhrzeit

Mittagessen/Zubereitung   von_____bis _____Uhr
Mittagszeit   von_____bis _____Uhr
_____ von_____bis _____Uhr
_____ von_____bis _____Uhr
_____ von_____bis _____Uhr
_____ von_____bis _____Uhr

Nachmittag

Aktivität   ### Uhrzeit

_____ von_____bis _____Uhr
_____ von_____bis _____Uhr
_____ von_____bis _____Uhr
_____ von_____bis _____Uhr
_____ von_____bis _____Uhr

Abend

Aktivität   ### Uhrzeit

_____ von_____bis _____Uhr
_____ von_____bis _____Uhr
_____ von_____bis _____Uhr
_____ von_____bis _____Uhr
_____ von_____bis _____Uhr

Nacht

Aktivität   ### Uhrzeit

Schlafenszeit _____ Uhr

_____ von_____bis _____Uhr
_____ von_____bis _____Uhr

Daten

Datum _____

Wochentag _____

Heute aufgestanden um _____Uhr

Eingeschlafen um   _____Uhr

Schlafdauer insgesamt _____h

So habe ich geschlafen: gut oder   schlecht, weil ich
- Alpträume   hatte
- Einschlafstörungen
- Durchschlaftstörungen
- Früherwachen

So fühle ich mich im Moment:

Energie ____ / 10   Anspannung   ____ / 10   Grübelei ____ / 10

Freude ____ / 10   Traurigkeit   ____ / 10   Angst   ____ / 10

Antrieb ____ / 10   Wut ____ / 10   Äerger   ____ / 10

TO DO Liste

übrig gebliebene To Dos vom Vortag (oder was ich gerne vor mir herschiebe)

_____

_____

_____

Meine TO DO Liste für heute und was dabei Vorrang hat

Aufgabe   Priorirität enverteilung von 1 – 5 Punkten

_____   _____

_____   _____

_____   _____

_____   _____

_____   _____

_____   _____

_____   _____

Tagesstrukturplan

Vormittag

Aktivität   Uhrzeit

Aufstehen um _____ Uhr

Frühstück: von_____bis _____Uhr

_____ von_____bis _____Uhr

_____ von_____bis _____Uhr

_____ von_____bis _____Uhr

_____ von_____bis _____Uhr

Mittag

Mein heutiges Mittagessen: _____

Aktivität   Uhrzeit

Mittagessen/Zubereitung   von_____bis _____Uhr

Mittagszeit   von_____bis _____Uhr

_____ von_____bis _____Uhr

_____ von_____bis _____Uhr

_____ von_____bis _____Uhr

_____ von_____bis _____Uhr

Nachmittag

Aktivität   Uhrzeit

_____ von_____bis _____Uhr

_____ von_____bis _____Uhr

_____ von_____bis _____Uhr

_____ von_____bis _____Uhr

_____ von_____bis _____Uhr

Abend

Aktivität   Uhrzeit

_____ von_____bis _____Uhr

_____ von_____bis _____Uhr

_____ von_____bis _____Uhr

_____ von_____bis _____Uhr

_____ von_____bis _____Uhr

Nacht

Aktivität   Uhrzeit

Schlafenszeit _____ Uhr

_____ von_____bis _____Uhr

_____ von_____bis _____Uhr

Daten

Datum _____

Wochentag _____

Heute aufgestanden um _____Uhr

Eingeschlafen um _____Uhr

Schlafdauer insgesamt _____h

So habe ich geschlafen: gut oder   schlecht, weil ich
- Alpträume   hatte
- Einschlafstörungen
- Durchschlafstörungen
- Früherwachen

So fühle ich mich im Moment:

Energie ___ / 10   Anspannung ___ / 10   Grübelei ___ / 10

Freude ___ / 10   Traurigkeit ___ / 10   Angst ___ / 10

Antrieb ___ / 10   Wut ___ / 10   Äerger ___ / 10

TO DO Liste

übrig gebliebene To Dos vom Vortag (oder was ich gerne vor mir herschiebe)

_____

_____

_____

Meine TO DO Liste für heute und was dabei Vorrang hat

Aufgabe   Prioriritätenverteilung von 1 – 5 Punkten

_____   _____

_____   _____

_____   _____

_____   _____

_____   _____

_____   _____

_____   _____

Tagesstrukturplan

Vormittag

Aktivität   Uhrzeit

Aufstehen um _____ Uhr

Frühstück: von_____bis _____Uhr

_____   von_____bis _____Uhr
_____   von_____bis _____Uhr
_____   von_____bis _____Uhr
_____   von_____bis _____Uhr

Mittag

Mein heutiges Mittagessen: _____

Aktivität   Uhrzeit

Mittagessen/Zubereitung   von_____bis _____Uhr

Mittagszeit   von_____bis _____Uhr

_____   von_____bis _____Uhr
_____   von_____bis _____Uhr
_____   von_____bis _____Uhr
_____   von_____bis _____Uhr

Nachmittag

Aktivität   Uhrzeit

_____   von_____bis _____Uhr
_____   von_____bis _____Uhr
_____   von_____bis _____Uhr
_____   von_____bis _____Uhr
_____   von_____bis _____Uhr

Abend

Aktivität   Uhrzeit

_____   von_____bis _____Uhr
_____   von_____bis _____Uhr
_____   von_____bis _____Uhr
_____   von_____bis _____Uhr
_____   von_____bis _____Uhr

Nacht

Aktivität   Uhrzeit

Schlafenszeit _____ Uhr

_____   von_____bis _____Uhr
_____   von_____bis _____Uhr

Daten

Datum _____

Wochentag _____

Heute aufgestanden um _____Uhr

Eingeschlafen um _____Uhr

Schlafdauer insgesamt _____h

So habe ich geschlafen: gut oder   schlecht, weil ich
- Alpträume   hatte
- Einschlafstörungen
- Durchschlaftstörungen
- Früherwachen

So fühle ich mich im Moment:

Energie ___ / 10   Anspannung ___ / 10   Grübelei ___/ 10

Freude ___ / 10   Traurigkeit ___ / 10   Angst ___/ 10

Antrieb ___ / 10   Wut ___ / 10   Äerger ___/ 10

TO DO Liste

übrig gebliebene To Dos vom Vortag (oder was ich gerne vor mir herschiebe)

_____

_____

_____

Meine TO DO Liste für heute und was dabei Vorrang hat

Aufgabe   Prioriritätenverteilung von 1 – 5 Punkten

_____   _____

_____   _____

_____   _____

_____   _____

_____   _____

_____   _____

Tagesstrukturplan

Vormittag

Aktivität   Uhrzeit

Aufstehen um _____ Uhr

Frühstück: von_____bis _____Uhr

_____ von_____ bis _____ Uhr
_____ von_____ bis _____ Uhr
_____ von_____ bis _____ Uhr
_____ von_____ bis _____ Uhr

Mittag

Mein heutiges Mittagessen: _____

Aktivität

Mittagessen/Zubereitung

Mittagszeit

_____

_____

_____

_____

Uhrzeit

von_____ bis _____ Uhr

von_____ bis _____ Uhr

von_____ bis _____ Uhr

von_____ bis _____ Uhr

von_____ bis _____ Uhr

von_____ bis _____ Uhr

Nachmittag

Aktivität

_____

_____

_____

_____

_____

Uhrzeit

von_____ bis _____ Uhr

von_____ bis _____ Uhr

von_____ bis _____ Uhr

von_____ bis _____ Uhr

von_____ bis _____ Uhr

Abend

Aktivität

_____

_____

_____

_____

_____

Uhrzeit

von_____ bis _____ Uhr

von_____ bis _____ Uhr

von_____ bis _____ Uhr

von_____ bis _____ Uhr

von_____ bis _____ Uhr

Nacht

Aktivität

Schlafenszeit _____ Uhr

_____

_____

Uhrzeit

von_____ bis _____ Uhr

von_____ bis _____ Uhr

Daten

Datum _____

Wochentag _____

Heute aufgestanden um _____Uhr

Eingeschlafen um _____Uhr

Schlafdauer insgesamt _____h

So habe ich geschlafen: gut oder schlecht, weil ich
- Alpträume hatte
- Einschlafstörungen
- Durchschlaftstörungen
- Früherwachen

So fühle ich mich im Moment:

Energie ____ / 10   Anspannung ____ / 10   Grübelei ____ / 10

Freude ____ / 10   Traurigkeit ____ / 10   Angst ____ / 10

Antrieb ____ / 10   Wut ____ / 10   Ärger ____ / 10

TO DO Liste

übrig gebliebene To Dos vom Vortag (oder was ich gerne vor mir herschiebe)

_____

_____

_____

Meine TO DO Liste für heute und was dabei Vorrang hat

Aufgabe   Priororitätenverteilung von 1 – 5 Punkten

_____   _____

_____   _____

_____   _____

_____   _____

_____   _____

_____   _____

_____   _____

Tagesstrukturplan

Vormittag

Aktivität   Uhrzeit

Aufstehen um _____ Uhr

Frühstück: von_____bis _____Uhr

_____ von_____bis _____Uhr
_____ von_____bis _____Uhr
_____ von_____bis _____Uhr
_____ von_____bis _____Uhr

Mittag

Mein heutiges Mittagessen: _____

Aktivität   ### Uhrzeit

Mittagessen/Zubereitung   von_____bis _____Uhr

Mittagszeit   von_____bis _____Uhr

_____ von_____bis _____Uhr

_____ von_____bis _____Uhr

_____ von_____bis _____Uhr

_____ von_____bis _____Uhr

Nachmittag

Aktivität   ### Uhrzeit

_____ von_____bis _____Uhr

_____ von_____bis _____Uhr

_____ von_____bis _____Uhr

_____ von_____bis _____Uhr

_____ von_____bis _____Uhr

Abend

Aktivität   ### Uhrzeit

_____ von_____bis _____Uhr

_____ von_____bis _____Uhr

_____ von_____bis _____Uhr

_____ von_____bis _____Uhr

_____ von_____bis _____Uhr

Nacht

Aktivität   ### Uhrzeit

Schlafenszeit _____ Uhr

_____ von_____bis _____Uhr

_____ von_____bis _____Uhr

Daten

Datum _____

Wochentag _____

Heute aufgestanden um _____Uhr

Eingeschlafen um _____Uhr

Schlafdauer insgesamt _____h

So habe ich geschlafen: gut oder   schlecht, weil ich
- Alpträume   hatte
- Einschlafstörungen
- Durchschlafstörungen
- Früherwachen

So fühle ich mich im Moment:

Energie ____ / 10   Anspannung ____ / 10   Grübelei ____ / 10

Freude ____ / 10   Traurigkeit ____ / 10   Angst ____ / 10

Antrieb ____ / 10   Wut ____ / 10   Äerger ____ / 10

TO DO Liste

übrig gebliebene To Dos vom Vortag (oder was ich gerne vor mir herschiebe)

_____

_____

_____

Meine TO DO Liste für heute und was dabei Vorrang hat

Aufgabe   Prioriritätenverteilung von 1 – 5 Punkten

_____   _____

_____   _____

_____   _____

_____   _____

_____   _____

_____   _____

_____   _____

Tagesstrukturplan

Vormittag

Aktivität   Uhrzeit

Aufstehen um _____ Uhr

Frühstück: von_____bis _____Uhr

_____ von_____bis _____Uhr

_____ von_____bis _____Uhr

_____ von_____bis _____Uhr

_____ von_____bis _____Uhr

Mittag

Mein heutiges Mittagessen: _____

Aktivität   ### Uhrzeit

Mittagessen/Zubereitung   von_____bis _____Uhr

Mittagszeit   von_____bis _____Uhr

_____ von_____bis _____Uhr

_____ von_____bis _____Uhr

_____ von_____bis _____Uhr

_____ von_____bis _____Uhr

Nachmittag

Aktivität   ### Uhrzeit

_____ von_____bis _____Uhr

_____ von_____bis _____Uhr

_____ von_____bis _____Uhr

_____ von_____bis _____Uhr

_____ von_____bis _____Uhr

Abend

Aktivität   ### Uhrzeit

_____ von_____bis _____Uhr

_____ von_____bis _____Uhr

_____ von_____bis _____Uhr

_____ von_____bis _____Uhr

_____ von_____bis _____Uhr

Nacht

Aktivität   ### Uhrzeit

Schlafenszeit _____ Uhr

_____ von_____bis _____Uhr

_____ von_____bis _____Uhr

Daten

Datum _____

Wochentag _____

Heute aufgestanden um _____Uhr

Eingeschlafen um _____Uhr

Schlafdauer insgesamt _____h

So habe ich geschlafen: gut oder   schlecht, weil ich
- Alpträume   hatte
- Einschlafstörungen
- Durchschlafstörungen
- Früherwachen

So fühle ich mich im Moment:

Energie ___ / 10	Anspannung ___ / 10	Grübelei ___ / 10
Freude ___ / 10	Traurigkeit ___ / 10	Angst ___ / 10
Antrieb ___ / 10	Wut ___ / 10	Ärger ___ / 10

TO DO Liste

übrig gebliebene To Dos vom Vortag (oder was ich gerne vor mir herschiebe)

_____

_____

_____

Meine TO DO Liste für heute und was dabei Vorrang hat

Aufgabe   Prioritätenverteilung von 1 – 5 Punkten

_____   _____

_____   _____

_____   _____

_____   _____

_____   _____

_____   _____

Tagesstrukturplan

Vormittag

Aktivität   Uhrzeit

Aufstehen um _____ Uhr

Frühstück: von_____bis _____Uhr

_____ von_____bis _____Uhr
_____ von_____bis _____Uhr
_____ von_____bis _____Uhr
_____ von_____bis _____Uhr

Mittag

Mein heutiges Mittagessen: _____

Aktivität   ### Uhrzeit

Mittagessen/Zubereitung   von_____bis _____Uhr
Mittagszeit   von_____bis _____Uhr
_____   von_____bis _____Uhr
_____   von_____bis _____Uhr
_____   von_____bis _____Uhr
_____   von_____bis _____Uhr

Nachmittag

Aktivität   ### Uhrzeit

_____   von_____bis _____Uhr
_____   von_____bis _____Uhr
_____   von_____bis _____Uhr
_____   von_____bis _____Uhr
_____   von_____bis _____Uhr

Abend

Aktivität   ### Uhrzeit

_____   von_____bis _____Uhr
_____   von_____bis _____Uhr
_____   von_____bis _____Uhr
_____   von_____bis _____Uhr
_____   von_____bis _____Uhr

Nacht

Aktivität   ### Uhrzeit

Schlafenszeit _____ Uhr
_____   von_____bis _____Uhr
_____   von_____bis _____Uhr

Daten

Datum _____

Wochentag _____

Heute aufgestanden um _____Uhr

Eingeschlafen um _____Uhr

Schlafdauer insgesamt _____h

So habe ich geschlafen: gut oder schlecht, weil ich
- Alpträume hatte
- Einschlafstörungen
- Durchschlafstörungen
- Früherwachen

So fühle ich mich im Moment:

Energie ____ / 10   Anspannung ____ / 10   Grübelei ____/ 10

Freude ____ / 10   Traurigkeit ____ / 10   Angst ____/ 10

Antrieb ____ / 10   Wut ____ / 10   Ärger ____/ 10

TO DO Liste

übrig gebliebene To Dos vom Vortag (oder was ich gerne vor mir herschiebe)

_____

_____

_____

Meine TO DO Liste für heute und was dabei Vorrang hat

Aufgabe   Prioriritätenverteilung von 1 – 5 Punkten

_____   _____

_____   _____

_____   _____

_____   _____

_____   _____

_____   _____

_____   _____

Tagesstrukturplan

Vormittag

Aktivität   Uhrzeit

Aufstehen um _____ Uhr

Frühstück: von_____bis _____Uhr

_____   von_____bis _____Uhr

_____   von_____bis _____Uhr

_____   von_____bis _____Uhr

_____   von_____bis _____Uhr

Mittag

Mein heutiges Mittagessen: _____

Aktivität   Uhrzeit

Mittagessen/Zubereitung   von_____bis _____Uhr

Mittagszeit   von_____bis _____Uhr

_____   von_____bis _____Uhr

_____   von_____bis _____Uhr

_____   von_____bis _____Uhr

_____   von_____bis _____Uhr

Nachmittag

Aktivität   Uhrzeit

_____   von_____bis _____Uhr

_____   von_____bis _____Uhr

_____   von_____bis _____Uhr

_____   von_____bis _____Uhr

_____   von_____bis _____Uhr

Abend

Aktivität   Uhrzeit

_____   von_____bis _____Uhr

_____   von_____bis _____Uhr

_____   von_____bis _____Uhr

_____   von_____bis _____Uhr

_____   von_____bis _____Uhr

Nacht

Aktivität   Uhrzeit

Schlafenszeit _____ Uhr

_____   von_____bis _____Uhr

_____   von_____bis _____Uhr

Daten

Datum _____

Wochentag _____

Heute aufgestanden um _____Uhr

Eingeschlafen um _____Uhr

Schlafdauer insgesamt _____h

So habe ich geschlafen: gut oder   schlecht, weil ich
- Alpträume   hatte
- Einschlafstörungen
- Durchschlaftstörungen
- Früherwachen

So fühle ich mich im Moment:

Energie ____ / 10   Anspannung ____ / 10   Grübelei ____ / 10

Freude ____ / 10   Traurigkeit ____ / 10   Angst ____ / 10

Antrieb ____ / 10   Wut ____ / 10   Äerger ____ / 10

TO DO Liste

übrig gebliebene To Dos vom Vortag (oder was ich gerne vor mir herschiebe)

_____

_____

_____

Meine TO DO Liste für heute und was dabei Vorrang hat

Aufgabe   Prioriritätenverteilung von 1 – 5 Punkten

_____   _____

_____   _____

_____   _____

_____   _____

_____   _____

_____   _____

_____   _____

Tagesstrukturplan

Vormittag

Aktivität   Uhrzeit

Aufstehen um _____ Uhr

Frühstück: von_____bis _____Uhr

_____ von_____bis _____Uhr
_____ von_____bis _____Uhr
_____ von_____bis _____Uhr
_____ von_____bis _____Uhr

Mittag

Mein heutiges Mittagessen: _____

Aktivität   ### Uhrzeit

Mittagessen/Zubereitung   von_____bis _____Uhr
Mittagszeit   von_____bis _____Uhr
_____   von_____bis _____Uhr
_____   von_____bis _____Uhr
_____   von_____bis _____Uhr
_____   von_____bis _____Uhr

Nachmittag

Aktivität   ### Uhrzeit

_____   von_____bis _____Uhr
_____   von_____bis _____Uhr
_____   von_____bis _____Uhr
_____   von_____bis _____Uhr
_____   von_____bis _____Uhr

Abend

Aktivität   ### Uhrzeit

_____   von_____bis _____Uhr
_____   von_____bis _____Uhr
_____   von_____bis _____Uhr
_____   von_____bis _____Uhr
_____   von_____bis _____Uhr

Nacht

Aktivität   ### Uhrzeit

Schlafenszeit _____ Uhr

_____   von_____bis _____Uhr
_____   von_____bis _____Uhr

Weitere Veröffentlichungen

Von Doreen Schmidt

„Das Tagebuch gegen Depressionen"
Ein Tagebuch für depressive Menschen, die ihre Symptome verbessern möchten.

„Stimmungstagebuch für Borderliner"
Das Tagebuch für Borderliner, die ihre Emotionen, Gedanken und Anspannungen im Blick behalten wollen.

„Das Tagebuch für meine Seele. Selbsthilfe gegen Stress, Depressionen und Burnout."
Das Tagebuch mit Terminplanung und ausführlicher Reflektion von Gedanken, Emotionen und Erlebnissen.

„Mein Traumtagebuch"
Zum Aufschreiben Deiner Träume, mit jede Menge Platz. Bestimmte Fragen werden dir dabei helfen, dich an deinen Traum zu erinnern.

„Mein Tagesplan. Eine spezielle Hilfe gegen Antriebsprobleme„
—ein Ergänzungsbuch –
Möglichkeit Deinen Tag genau zu strukturieren, sich Ziele zu setzen, die man erreichen kann. Den Antrieb durch Planung zu steigern.

„Mein Therapietagebuch"
Das Buch gibt dir die Möglichkeiten alle Daten Erkenntnisse und Informationen deiner Therapie zu dokumentieren.

„Arbeitsbuch PTBS"
Dieses Arbeitsbuch gibt dir die Möglichkeit mögliche Trigger und Frühwarnzeichen zu erkennen und dazu die eigenen passenden Skills zu entwickeln

"Entdecke dein inneres Kind"

Ein kleines Arbeitsheft zur Pflege deines inneren Kindes.

„Mein Skills–Buch"

Ein Arbeitsbuch für Borderliner zum Herausfinden der eigenen Skills

Folgt mir auf Facebook

https://www.facebook.com/Psychisch-krank-Hilf-dir-selbst-100734531578117/

Oder schreibt mir unter

doreenschmidt439@gmail.com

© 2021
Herstellung und Verlag: BoD – Books on Demand, Norderstedt
ISBN: 978-3-7534-9624-5